VIE

D'UN

VIEUX GARÇON

Mort en 1872

(Pas-de-Calais)

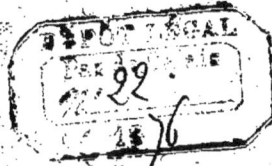

AUX LECTEURS.

D'un avare, à vos yeux je vous viens chers lecteurs
De montrer la richesse et peindre les erreurs.
Cet homme, qui fut pauvre au sein de la fortune,
Esclave des trésors dont le soin l'importune,
Avait des jours sans joie et des nuits sans repos.
La pâle inquiétude, et ses mille supôts,
Le suivaient pas à pas jusque dans sa richesse,
Faisant de son or même une main vengeresse
Qui le frappait au cœur sans trêve, sans merci :
Le démon de l'avare et le triste souci.
Pourquoi tant amasser ? si ce bien qu'on amasse
Vous dessèche le cœur et le couvre de crasse,
Il est des malheureux : voyez autour de vous,
Ils vous tendent la main ; ils sont à vos genoux.
Donnez, donnez encor ; donnez, donnez sans cesse ;
Faites naître la joie au sein de la détresse.
Allez auprès du pauvre, allez, allez sans bruit,
De vos dons, le bonheur deviendra l'heureux fruit.
Tel est le double but que mon cœur se propose
Par ce tout petit livre où l'avare se pose
Où le pauvre demande : O riche fais lui bien !
Qui ne pense qu'à soi, cher lecteur, ne vaut rien.

HISTOIRE

D'UN AVARE

Il existait, il y a quelques quatre-vingts ans, dans une petite et jolie vallée, très-pittoresque, appelée le hameau de F..., commune de B..., une famille honorable ; elle habitait une maison rustique, située sur le penchant de la colline, et était composée du père, de la mère et de quatre enfants, dont deux garçons et deux filles. Leur fortune en bien-fonds pouvait s'évaluer à quatre cent mille francs environ. Malgré ces richesses, rien ne distinguait leur rang ; ils cultivaient les terres eux-mêmes et conservaient le type rustique et paysan, comme du reste les habitants de ces contrées.

Combien de familles, avec un tel domaine, auraient quitté ces lieux isolés et ces rudes travaux pour jouir convenablement de leurs richesses dans quelque cité. Mais, comme dit le proverbe, malheur à l'oiseau né dans une mauvaise vallée, il y séjourne sans cesse ou y retourne ! Heureux aussi, comme dit Delille, l'homme des champs, s'il connaît son bonheur ! Ces braves gens donc, sans ambition, sans orgueil, vivaient pour ainsi dire ignorés, éloignés des plaisirs mondains et éphémères, et goûtant une félicité et un calme parfaits.

Pour mieux faire ressortir l'égoïsme et l'avarice de notre héros que nous nommerons le Père D...., il faut vous dire que le chef de cette famille était un homme très distingué pour son temps. Bon, humain, intelligent, il avait su acquérir la considération et l'estime des populations environnantes. Jamais il ne détourna les regards à la vue d'un pauvre ; il se plaisait même à héberger sous son toit hospitalier, des bandes de mendiants errants si communs alors. La mère, bonne épouse, quoique d'une parcimonie trop évidente dans une position si aisée, élevait ses enfants dans l'amour et la crainte de Dieu ; tous répondirent à la bonne éducation maternelle. Les garçons, dès que leurs forces leur permirent, secondèrent leur père dans les travaux champêtres, et les filles aidèrent leur mère dans les soins du ménage et de la basse-cour. Leur instruction ne fut pas cependant négligée, ils allèrent alternativement dans quelque bonne maison d'éducation approfondir les connaissances acquises à l'école primaire. Le cadet des garçons appelé le Père D....., fut privilégié, son père voulait en faire un homme érudit, un sujet, comme on dit au village. Pendant que ses frères et sœurs travaillaient sous le toit paternel, notre héros fut mis au collège de S. O. Là il fit peu de progrès, car, soit qu'il ne travaillât pas, soit qu'il eût l'intelligence trop bornée, il conservait invariablement son rang. Malgré cela, il était considéré ; on savait qu'il était fils d'un homme possédant une fortune colossale. Ses études terminées, il revint au foyer paternel reprendre ses premiers travaux ; il passait pour un érudit et lorsqu'on le voyait ou que l'on parlait de lui, on disait : il est savant, il a fait toutes ses classes.

Le Père D....., pouvait donc choisir une belle position, mais au lieu de voir, comme tant d'autres l'auraient fait, un avenir brillant s'ouvrir devant lui, il ferma les yeux devant les honneurs et continua de s'occuper des travaux qu'il avait quittés quelques années auparavant

Cette famille continuait de goûter toujours une félicité parfaite. Mais comme le bonheur terrestre est de courte durée ou plutôt n'existe pas, la joie de cette famille fut bientôt troublée ; une mort prématurée enleva les deux demoiselles et le garçon, de sorte que le Père D....., resta fils unique. Cette perte irréparable causa une grande douleur au père et à la mère qui voyaient dans leur unique héritier, un jeune homme sans énergie et sans habitude du monde.

Tout en continuant de se livrer aux travaux des champs, D....., recevait de bons principes et de bons et constants conseils de la bouche de son excellent père. Celui-ci voyait bien que son fils serait, quoi qu'on fasse, un véritable lourdaud ; cependant il désirait qu'il connût un peu le monde. Il ne négligeait donc aucune occasion pour le mener avec lui dans la société, il allait au devant de ses désirs et s'efforçait même de lui procurer tous les amusements des jeunes gens de son rang et de son âge. Il lui fit même présent d'un superbe fusil et le forçait d'aller chasser en compagnie de certains messieurs qui venaient de temps en temps faire la guerre aux timides lièvres et aux douces perdrix. Rien de tout cela ne pouvait influer sur son esprit et, pour la plupart du temps, le Père D....., faisait fi des divertissements et se livrait avec ardeur aux travaux champêtres. Il vécut ainsi bon nombre d'années au hameau de F....., sa mère alla bientôt rendre compte de sa vie à son créateur, et il resta par conséquent seul avec son père.

N'ayant jamais voulu se jeter entre les bras de l'hyménée, la maison paternelle se trouva sans gouvernante. Notre héros quitta donc son père et alla demeurer au village de Z....., chez son oncle et ses tantes maternels, tous aussi célibataires. Ceux-ci possédaient une fortune colossale évaluée à peu près à deux millions, le tout en biens fonds, sans compter l'or et l'argent enfouis dans la terre.

Là le Père D.... continua de se livrer à l'agriculture, travaillant comme le plus pauvre mercenaire de la contrée et vivant très-sobrement, pour ne pas dire chichement. Mais comme tout le monde est mortel, et que, riches comme pauvres, nous devons ce tribut à celui qui nous a créés, son oncle et ses tantes passèrent successivement, et dans peu de temps, de la vie à trépas. Notre avare devint donc, par droit de succession, le seul propriétaire de tant de biens. Quoique sa fortune se fut accrue considérablement, il ne changea nullement de vie et de conduite.

Il continua donc d'habiter la chaumière, ayant pour compagne une servante septuagénaire. Le matin on le voyait partir pour labourer les champs avec quelques chevaux, véritables rossinantes. Il travaillait sans relâche et craignait même de se faire seconder par quelque ouvrier. Il se plaisait enfin à tracer le pénible sillon du laboureur. A peine était-il rentré des champs, qu'au lieu de se reposer de son labeur, il trouvait toujours à s'occuper. Né pour le travail et la misère, il devait, quoi qu'il advienne, marcher dans cette voie.

Sa manière de vivre ne variait en aucune manière ; il faisait produit de son bon froment et se nourrissait de pain noir, sec et dur. Il avait pour assaisonnement, le dirai-je ! la nourriture des véritables indigents, des pommes cuites. Le dimanche cependant il renonçait à ce met de Bellisaire et se faisait un bon régal en mangeant un morceau de lard qui exhalait, le plus souvent, une odeur suffocante. Sa servante, bonne personne, quoiqu'ayant les habitudes et les coutumes antiques, ne manquait pas de bon sens et d'intelligence. Remarquant l'avarice de son patron, elle faisait des efforts constants afin d'améliorer son sort, mais ses remontrances et ses conseils furent toujours infructueux. Déçue dans son entreprise, elle résolut de le laisser vivre à sa guise.

Non-seulement il avait pour l'aider et lui tenir compagnie sa servante, mais bientôt il prit encore à son service un vieux serviteur qui, vu son grand âge, travaillait fort peu. Cependant il plaisait au père D..., car cet homme était intelligent, sa mémoire ne lui faisait pas défaut et il se plaisait, surtout pendant les longues soirées d'hiver, à égayer et à désennuyer son patron ; il lui racontait des histoires séculaires, des fables sans nombre. Notre héros passait ainsi son temps dans une vie aussi monotone que misérable.

Mais ce qui le caractérisait le plus, c'était sûrement son uniforme. Je dis uniforme, car il ne changeait pas souvent. Et comment vous dépeindre un tel personnage ? Je suis bien embarrassé, je le confesse, et il faudrait un Raphaël ou un Michel-Ange. J'essaierai cependant.

Figurez-vous donc un homme d'une taille de plus de dix-huit décimètres, ayant pour chaussures des sabots troués ou recouverts de mille pièces, un pantalon d'une étoffe délicate et tout crasseux, son gilet en lambeaux et une veste ou redingote raccommodée ou trouée, avec tout cela un couvre-chef qui achevait de le distinguer : c'était un bonnet de coton noir comme le charbon. Le dimanche, cependant, il essayait de se distinguer : il portait une longue capote à queue de pie qui lui tombait sur les talons, les boutonnières faites en fil blanc, un pantalon que l'on voyait à peine, un grand chapeau devenu roux de vieillesse et des brodequins. Les jours de marché il s'habillait, comme on dit, en grande tenue ; puis il attelait sa monture à une espèce de tombereau. Tout était à l'unisson : harnais délabrés, mors séculaire, guides en cordes. Chacun le considérait et il ne tardait pas à être connu. On disait en le montrant au doigt : voilà un millionnaire.

Le pauvre lui tendait la main, comptant bien recevoir une bonne aumône, mais notre avare détournait les regards à l'approche du mendiant et disait : mes bonnes gens, je n'ai pas d'argent.

Quoi de plus beau cependant, de plus méritant aux yeux de Dieu que celui qui fait la charité, un jour il obtiendra sa récompense : si vous avez beaucoup, donnez beaucoup, si vous avez peu, donnez peu, disait un saint homme à son fils. Et Jésus-Christ lui-même n'a-t-il pas prononcé ces belles paroles : Celui qui donnera un verre d'eau en mon nom, recevra sa récompense au centuple.

Quoiqu'il connût sans doute ces saintes maximes, son cœur ne se sentait nullement touché.

Cependant son digne père, quoi qu'il ne restât pas avec lui, ne cessait, quand l'occasion se présentait, de lui donner de sages conseils, il s'efforçait de le faire changer de conduite et de vie. Mais sa voix toute paternelle qu'elle était, n'eut aucun écho dans ce cœur de pierre. Au contraire, il avait ces réponses folles : mon revenu ne me permet pas de vivre mieux ni de me faire mieux ; parfois même quand son père l'importunait un peu, il se retirait et restait enfermé dans sa chambre.

Le Père Di... voyant donc que son père ne se décourageait pas et l'assaillait sans cesse de remontrances, il le prit en aversion et cessa même dès lors toute relation avec lui. Il confia l'administration de ses biens à un notaire et avait pour auxiliaire et pour lumière un homme en qui il avait pleine confiance. Cet intendant devint bientôt son premier et son unique ami. Cet homme intelligent et instruit fit connaître à notre crésus une grande partie de sa fortune *(ce qu'il avait toujours ignoré)*. Il passa ainsi plusieurs années.

Son père, digne homme, aimé et respecté de tous, quitta bientôt cette mer orageuse du monde pour entrer dans le précieux port, juste récompense de ses nombreuses vertus. Par ce vide irréparable, notre avare vit sa fortune s'augmenter de cinq à six cent mille francs. Loin encore d'ouvrir les yeux et d'améliorer son sort, il devint au contraire plus avare que jamais. Il recueillit tout chez son père ; malgré cela, par moment on le voyait triste et taciturne. On croyait que cette douleur était occasionnée par la mort de l'auteur de ses jours, et à peine osait-on lui en parler.

Mais quand on lui demandait le sujet cette affliction, il répondait, en laissant tomber une larme : Et ce sac de pièces de cinq francs, contenant quasi un hectolitre, où est-il ? Il se trouvait pourtant dans la chambre mortuaire de feu mon père. C'est un rêve, objectait-on, il n'est pas possible qu'une telle somme se fût trouvée là.

Oh ! répliquait-il vivement, je sais tout. Un jour qu'il faisait soirée avec son ami, il lui dit : je suis volé, mais ce larcin ne saurait profiter à leurs auteurs.

Il eut une telle douleur de cette perte pécuniaire, qu'il prit en aversion la maison paternelle et ne voulut plus la fréquenter. Il disait par moment : ce bien ne m'appartient pas. Son domestique et une nouvelle servante, sans oublier un certain pasteur du bon troupeau, profitèrent de son renoncement pour devenir les maîtres absolus de la maison.

Le Père D..., détournait de plus en plus les regards à la vue d'un pauvre, il refusait l'hospitalité aux indigents qui, le connaissant millionnaire, s'adressaient souvent à lui, espérant de recevoir sous son toit un doux repos ; toujours leur attente était trompée. Impossible, lecteurs, de vous donner une idée de cette manière d'agir.

N'aurait-il pas dû se faire un grand plaisir, comme le divin Maître, de recevoir les pauvres et de leurs prodiguer une partie de ses revenus. Non, il aimait mieux être volé que d'ouvrir la main aux malheureux.

Bon nombre de mendiants sont venus, en son absence solliciter un abri contre les intempéries de la saison. Mais la servante leur fermait la porte avec fierté en disant : on ne loge pas ici, le maître ne le veut pas. Ces pauvres gens déçus dans leur espoir rebroussaient chemin, et, chose curieuse, par fois il rencontraient le Père D... qui rentrait à son logis. Le prenant pour un indigent comme eux, vu ses haillons, ils lui disaient : Ah ! mon pauvre homme, n'allez pas plus loin, le maître ne loge pas, il ne donne même pas l'aumône. (Ils ne pensaient guère qu'ils parlaient au patron.)

Les années lui pesèrent de plus en plus sur la tête sans qu'il pensât à faire profit de son immense fortune. Son ami dont nous avons parlé, l'excitait toujours à faire le bien et à renoncer à cette vie monotone et misérable. Mais, comme tous les autres, sa voix n'eut aucun écho dans ce cœur de pierre. Son ami le quitta bientôt pour aller *ad patres,* et le père D... qui l'aimait beaucoup, le pleura et le regretta toute sa vie.

Après la mort de ce digne auxiliaire, il abandonna entièrement l'administration de ses biens et coula le reste de ses jours dans une avarice et une misère dont on ne peut vraiment se rendre compte. Il négligeait tout : le bien qu'il n'avait jamais pratiqué ; l'exploitation de ses terres qu'il occupait lui-même, car une grande partie de ses biens étaient en location. Au lieu de jeter la bonne semence dans ses terres, il y confiait du blé noir, à moitié nettoyé ; il récoltait mal ses grains ; même il finit par laisser le tout presqu'inculte.

Malgré son extrême avarice, que l'on peut appeler sordide, il y avait encore chez lui quelque chose, je ne dirai pas de la charité, mais de la pitié. Jamais il n'a gêné ses locataires et tout en leur laissant ses biens à bas prix, il refusait de faire du mal à celui même qui l'avait volé et répondait d'une manière évasive, quand les gens de la justice l'interrogeait à cet égard. Cependant il n'était pas généreux. Ses fermiers venaient-ils lui apporter le terme échu, il les recevait sans apprêts, leur offrait seulement un petit flacon d'alcool ; il prenait ses espèces et les emportait secrètement dans sa cachette. Il déposait son argent, soit dans des cruches en grès, soit même parfois dans de la terre. Quoi qu'il ne sût pas faire fructifier son argent, il ne tarda pas à posséder, outre ses biens fonds, une somme assez ronde chez lui. Il reposait sur l'or et quand, la nuit, quelque bruit se faisait entendre, semblable à l'avare dont parle La Fontaine, il croyait qu'on prenait ses trésors.

Les écus éveillèrent bientôt d'ardentes convoitises dans la contrée. Chacun voulait puiser à cette source, véritable mine du Pérou. En 1863 donc, des voleurs arrivèrent par une nuit obscure en face de la demeure du Père D... Sa maison était une vraie chaumière, ayant l'aspect le plus misérable qu'on puisse imaginer. Elle était située à l'abri de bon nombre d'arbres séculaires et des buissons de ronces en barraient quasi l'accès. Quoi que tout en cette maison fut usé, nos voleurs ne trouvèrent aucune issue. Bien résolus cependant à se faire payer de leurs peines, ils ne craignirent pas de creuser sous le seuil de la porte de la chambre et pratiquèrent bientôt une entrée. L'un des plus hardis entra et s'empara d'une somme assez ronde de vingt à vingt-cinq mille francs, selon le dire du Père D...

Le lendemain, cette nouvelle se répandit bientôt dans le village, grâce à l'éloquence de la servante. Quels étaient les auteurs de ce nouveau vol ? Voilà la question qui circulait de bouche en bouche. Les habitants de la chaumière avaient bien entendu un certain bruit sans avoir rien vu ; ils ne pouvaient faire aucune déclaration certaine. Cependant on inculpa deux malheureux ouvriers qui, dans la journée même du vol, travaillaient chez le Père D... La justice en fut informée et les accusés furent conduits immédiatement à Montreuil. Ils passèrent plusieurs nuits sous les verrous de la prison. On les interrogea, mais leur réponse et leur aplomb, sans oublier leurs bons antécédents, les firent renvoyer dans leur foyer.

Quelques années encore s'écoulèrent ; le Père D... continuait de vivre en paix à sa manière et d'accroître ses écus. Il semblait que les amis et les envieux de sa fortune eussent fermé les yeux sur ses trésors. Ah ! si cet homme avait rompu avec le célibat, s'il avait eu le bonheur de rencontrer, pour faire son pèlerinage terrestre, une compagne qui eût su lui imposer le goût du bien et du beau, peut-être aurait-il changé de conduite ? Que dis-je ? C'était impossible, car les femmes le méprisaient et aucune dans les environs n'essaya de le charmer. Cependant le bruit de ses richesses immenses, de son célibat, de sa manière de vivre était, par la voie des journaux, connus presque partout et jusque dans la capitale. Un beau jour donc, que voit-on arriver au petit village de Z...? un joli carrosse à quatre roues, traîné par deux admirables coursiers. Cette voiture se dirige avec la vitesse du vent du côté du quartier où demeurait le Père D...

Elle s'arrête devant la porte de sa mansarde, la portière s'ouvre. O surprise ! une jolie demoiselle, à la taille svelte et élancée, au joli et frais minois, aux yeux bleus, apparaît souriante sur le gazon verdoyant qui se trouvait devant sa porte.

Cette belle inconnue, qu'on aurait prise pour une déesse, demanda une audience à notre millionnaire. Elle était venue, non pas, comme tant d'autres, pour faire main basse sur ses trésors, mais, le dirai-je ?..... pour lui offrir son........ cœur et sa main. Le vieux crésus se troubla à son apparition, la regarda à peine et répondit négativement à sa proposition. Notre parisienne déçue dans son espoir, quitta brusquement le Père D....., remonta en carosse et fouette cocher. Cette visite fit beaucoup de bruit dans les environs, et bientôt on laissa le crésus dormir à côté de ses écus.

Le temps coule comme le torrent, quelque temps s'écoula quand un second vol eut lieu. Cette fois, les voleurs arrivent en plein jour, à l'heure de midi et au moment où il engrangeait une charretée d'avoine. Il ne tarda pas à s'apercevoir que quelqu'un était venu faire main basse sur ses écus. Cependant, il ne put spécifier exactement la somme qui lui fut enlevée. Mais il savait bien que le fameux pot en fer, pouvant contenir à peu près vingt litres, était absent ; il renfermait des pièces cinq francs. Il pleura à cette fâcheuse nouvelle et vécut quelques jours dans un morne silence. Le pot, qu'était-il devenu ? l'avait-on emporté et quels pouvaient être les auteurs de ce larcin ; voilà les questions qui s'élevèrent bientôt.

La justice, comme toujours, fut informée aussitôt du

fait ; elle vint faire une enquête, selon son devoir, et le vase ne tarda pas à être retouvé, il se trouvait dans les ronces et les broussailles qui entouraient la chaumière du Père D..... Mais remarquez, lecteurs, qu'il était rempli de........ vide.

On accusa comme principal auteur de ce vol, un bon et brave homme des environs ; on l'emmena à Montreuil, mais ne pouvant lui prouver sa culpabilité, il fut bientôt renvoyé.

Le Père D... ne voulait pas que l'on fît trop de recherches après ceux qui lui volaient ses trésors ; cependant il était tout chagrin quand on le volait ; il refusait de prendre aucun aliment et son sommeil se trouvait souvent troublé par quelques rêves. Il passa ainsi quelques mois, et bientôt il prit à son service une nouvelle servante ayant un caractère gai et plaisant. Elle sut bientôt par ses manières, s'attirer l'estime et l'attachement même de son patron. Excellente chanteuse, surtout quand elle avait absorbé quelques verres d'alcool, elle distrayait le père D... par quelques vieilles romances suivies ou précédées d'histoires vraies ou fausses. Au milieu de ces distractions il finit par oublier bientôt le passé. Cette nouvelle servante profita de la confiance qu'elle avait fait naître chez son maître, pour prendre un véritable empire sur lui. Elle le commandait, le faisait marcher souvent à sa guise, lui donnait des épithètes aussi grossières qu'insultantes et devint bientôt maîtresse absolue. Tout marchait par ses ordres et elle ne tarda pas à s'attirer quelques amis dont elle fit le bonheur.

Le Père D... vivait ainsi depuis près d'un an, quand par une nuit obscure, quatre voleurs arrivèrent pour assiéger la maison du pauvre avare ; ils enfoncèrent les murs en torchis et emportèrent, malgré lui, une quantité d'or et d'argent et laissèrent le pauvre diable dans un état déplorable. Les voleurs s'enfuirent et s'en retournèrent chez eux avec le butin, assez satisfaits de leur excursion. Mais la justice qui ne laisse rien échapper, eut bientôt des révélations sérieuses sur les auteurs de ce vol. Ils furent aussitôt arrêtés et ensuite convaincus. Ils passèrent aux assises où ils furent condamnés et envoyés à la Nouvelle Calédonie. Ce vol a été évalué à peu près à une centaine de mille francs.

Mais laissons les voleurs expier leur faute, et revenons au père D... Ces malfaiteurs l'ont maltraité et laissé sur son lit, véritable grabat. Un des voleurs l'avait renversé sur une bourrée d'épines et tenu de force pendant que ses complices puisaient dans le trésor. Il avait le dos tout percé et même la figure égratignée. Il souffrit beaucoup, car sa couche était si dure qu'il ne pouvait reposer. Sa servante n'osa aller à son secours, elle était couchée dans un cabinet d'où elle a entendu le bruit et les cris, mais, craignant pour ses jours, elle n'osa sortir. Ce fait a eu lieu en mil huit cent soixante-quatre.

Notre avare, malgré ces vols et même les mauvais traitements dont il était l'objet, ne voulait pas déposer en justice contre ceux qui lui enlevaient ses écus. Bien plus, comme s'il eût craint pour ses jours en les faisant punir ou en mettant des obstacles à leurs desseins, il a constamment refusé de réparer les brèches faites aux murs de sa chaumière.

Quelques années se passèrent sans qu'il arrivât de nouveaux désagréments à notre vieux crésus.

En 1867, de nouvelles convoitises naissèrent dans le cœur d'autres voleurs. Ils vinrent la nuit au nombre de quatre assiéger la mansarde du Père D... Cette fois, par exception, comme si notre avare eût prévu une alerte, il veillait avec sa servante. Le bruit se fait entendre et ils se mirent en garde ; la servante tenait un fusil de forme surannée chargé d'un coup, et était toute prête à faire feu. Nos voleurs essayèrent d'ouvrir la porte avec un couteau à charrue. Le Père D..., d'un sang froid, entr'ouvrit l'issue et fit mettre le canon de l'arme à feu dans l'ouverture par sa servante, qui lâcha la détente. Les assaillants, loin de s'épouvanter, se jettent sur la porte et entrent, bon gré mal gré, dans la maison. La servante effrayée se sauve en recevant plusieurs coups de gourdin sur la tête, et à demie étourdie, elle se réfugie chez le fermier voisin. Notre avare, resté seul, tomba entre les mains des voleurs. L'un d'entre eux le saisit par la gorge et lui dit : où est votre argent ? montrez-nous vos trésors ou vous allez perdre la vie. Le pauvre patient répondit : Je n'ai ici ni or ni argent. Alors furieux, nos chercheurs d'écus l'ont renversé sur une bourrée d'épines qui se trouvait dans la chaumière. L'un des plus nerveux le tenait en respect tandis que ses compagnons fouillaient partout; ils ont emporté tout ce qu'il ont trouvé. On évalue à peu près à cinquante mille francs le montant de ce vol. La justice découvrit aussitôt les auteurs de ce larcin. Ils furent convaincus sans peine, passèrent aux assises et furent condamnés l'un à perpétuité et les autres à vingt ans. Il faut dire que la servante, appelée par le juge d'instruction en face des voleurs, les avait parfaitement reconnus.

Depuis lors, le Père D..... fut presque toujours malade. Il avait une humeur à la jambe droite, le mal, faute de soins, ne tarda pas à s'aggraver et bientôt, vu la mauvaise odeur qu'elle exhalait on ne pouvait vivre dans son logis, il refusait d'être changé et se plaisait vraiment dans la malpropreté.

La servante vécut vite et peu de temps avec l'homme aux écus; aimant le jus de la treille, elle abrégea ses jours en en prenant des cuvées réitérées et abondantes. Elle mourut dans la misère la plus affreuse, sale et dégoûtante, mangée même à vermines. On enleva ses restes du domicile du Père D...., sans ministre de la religion. Son corps fut mis dans un tombereau et transporté dans le cimetière du village voisin, pays de sa famille.

Le vieil avare abandonné, continue de vivre dans la misère pendant plusieurs années, ayant à sa garde trois ou quatre personnes qui veillaient à la conservation de ses jours, ou plutôt de ses écus. Les principaux gardiens de notre avare étaient ses fermiers. Ils ont bien mérité de sa reconnaissance pour lui avoir plus d'une fois sauvé les jours. Mais il ne paya guère leurs peines. Que voulez-vous ? Il était sur le bord de la tombe et craignait encore de se faire un peu de bien et d'en faire aux autres.

Six à sept années s'écoulèrent, laissant le Père D. en paix sur son grabat, vivre à sa guise. Mais il y a toujours des malfaiteurs, et, par une belle soirée, vers les dix heures du soir, pendant que tout le monde reposait, deux individus arrivèrent à Z..., et rôdent autour de l'habitation de notre avare. Selon son habitude, un des fermiers arrivait chez l'avare pour passer la nuit, muni d'un fusil chargé. En approchant de la chaumière et à peu près à quarante mètres, il entend du bruit et bientôt murmurer à voix basses ; il s'approche à pas de loup et prête l'oreille. À leur conversation, il reconnaît des malfaiteurs. Que faire ? Il réfléchit une seconde et pour effrayer les voleurs, il lâche un coup de fusil en l'air. Mais ceux-ci au lieu de déguerpir avancent droit sur le fermier, et l'un d'eux lui crie : tu vas mourir. Le fermier, tout tremblant, recula de quelques pas et voyant que son adversaire s'approchait de lui, il tire son second coup et se sauve à toutes jambes chez le Père D..., sans savoir le résultat de son œuvre.

Le lendemain matin, on apprit dans le village de Z.... qu'un individu était arrivé vers minuit demander l'hospitalité chez une aubergiste, dont la demeure était située à peu près à un kilomètre et demi de la maison du vieil avare. La cabaretière charitable lui ouvrit la porte et jugez de son étonnement à la vue d'un homme dans un état difficile à décrire. Elle lui demanda et son nom et son domicile, il se dit d'Ergny, village à sept kilomètres de Z...., s'étant perdu dans les pâtures du Père D...., quelqu'un lui avait tiré un coup de fusil dans l'abdomen.

D'après sa déclaration et celle du fermier, il était facile de conclure que cet homme se trouvait la veille, prêt à escalader la maison de notre avare. Sa blessure était mortelle, il ne voulut pas, malgré les prières et les instances, dénoncer son compagnon. Sa femme fut appelé pour le reconnaître, et quand elle le vit dans cet affreux état, elle lui dit : Malheureux, tu aurais mieux fait de rester couché dans ton lit. Quelques heures après il succomba au milieu de souffrances inouïes. Son camarade n'avait pas parlé de ce qui était arrivé, et après le coup, il avait regagné au plus vite son logis. Mais deux ans après, voilà que les deux femmes de ces deux vagabonds ont une querelle ; elles se reprochent tout, l'une dit : Ton mari est mort à Z...., en allant voler le Père D...., l'autre lui répliqua, le tien y était aussi, j'ai entendu le complot qu'ils avaient formé pour aller dévaliser le Père D...., et vivre sans travailler. La justice fut informée de ces révélations, et vint enlever le complice qui, du reste, jouissait déjà dans la contrée, d'un mauvais renom. Il fut condamné à vingt ans de travaux forcés, ayant encore plusieurs méfaits à son dossier.

Le fermier qui avait exposé ses jours pour le vieil avare, continua de le veiller par bonté. Le Père D.... ne tint aucun compte de son dévouement, et ne le récompensa en aucune manière ; il a toujours refusé de lui faire un bail de plus de six ans, et bientôt de trois ans. Notre avare avait atteint quatre-vingts ans et était toujours le même.

Bon nombre de personnes auraient succombé dans un tel état ; mais pour lui, la misère et la malpropreté étaient son élément; son logis était sale, la chambre, comme nous l'avons déjà dit, était en torchis, les parois

trouées à plusieurs places par les voleurs et raccom-
modées avec des bourrées d'épines ou de vieilles
planches; les fenêtres étroites et basses, ayant des
vitres crasseuses que traversaient à peine les rayons de
Phébus. L'intérieur était envahi par des toiles d'arai-
gnées et leurs milles réseaux couraient de poutre en
poutre, sans crainte d'être déchirés par le balais. Dans
un coin, un grabat offrait l'aspect le plus misérable,
matelas puant, drap et couverture d'une saleté révol-
tante. C'était là, sur ce lit, que reposait notre avare. Il
avait pour oreiller un sac dur et noir. A côté de sa
couche on remarquait un vieux fusil et un sabre rouillé,
sans oublier le chien, fidèle compagnon du Père D...,
qui reposait attaché au lit. Quand quelqu'un venait le
voir, il s'enfonçait dans sa couche et ne voulait pas
dire mot.

Dans les derniers jours de son existence, un domestique et une femme veillaient près de son lit et de temps
en temps demandaient au moribond s'il ne lui man-
quaient rien. Le curé de Z., vint à son temps lui prodiguer le soin de son ministère, et notre avare quitta
ce monde pour aller rendre compte de sa vie à son
créateur. Il est décédé au mois d'août 1872.

La nouvelle de sa mort fit grand bruit; on apposa
aussitôt les scellés partout, en attendant l'arrivée de
tous les héritiers. Ses funérailles eurent lieu trois jours
après, au milieu d'un immense concours de monde:
parents, amis, curieux, tous voulait rendre au Père
D... le dernier tribut. L'église ne pouvait renfermer
dans ses murs étroits tout le cortège funèbre qui
comptait 150 personnes environ.

Quinze jours après son inhumation, tous les héritiers
étant connus et invités, les scellés furent levés et on
procéda à l'inventaire.

Tous les héritiers étaient anxieux à chaque pas, car
ils savaient que leur cher cousin reposait sur l'or. En
effet, l'oreiller, ou plutôt le sac qui en tenait lieu,

renfermait des pièces d'or à l'effigie de Louis XIV et de Louis XV. Le sol de la chambre mortuaire débarrassé de ses ordures, présentait de nombreuses cavités, contenant des pots en grès qui regorgeaient d'or et d'argent de tous les types, la plupart n'ayant plus de cours.

Non seulement les héritiers firent l'inventaire des objets mobiliers, mais ils voulurent pénétrer dans le sol. Des ouvriers furent appelés et sous les yeux des intéressés et de la justice on creusa partout, dans la maison, dans les chambres, dans la cave et même dans la cour et dans la pâture.

Ces fouilles étaient présidées spécialement par un des héritiers. Leurs recherches ne furent pas infructueuses et on trouva, dans différents endroits, une somme de vingt-cinq à trente mille francs.

L'inventaire dura plusieurs jours. On se réunissait, héritiers au nombre de quatorze, juge de paix, greffier, notaires et mandataires, au château du feu Père D....; car il avait une espèce de Castel, tombant en ruine et occupé par un locataire. Là se faisait le festin journalier et les assistants buvaient quelques bons verres à la santé du millionnaire.

Le tout terminé, il fut procédé au choix des experts qui devaient faire l'estimation et le partage des biens. Le lendemain, tous les héritiers allèrent à Hucqueliers partager l'argent démonétisé, et, à leur retour, jugez de leur étonnement quand le gardien, qu'ils avaient mis à la maison du Père D....., leur apporta une somme de douze mille francs environ qu'il avait trouvée en levant un double fond à une vieille armoire. Ils ajoutèrent cette somme à tant d'autres et ne remercièrent nullement le domestique, au contraire ils l'accusèrent d'avoir gardé sa part. Il aurait dû, disait l'héritier à la barbe grise, rester sans se préoccuper de ce qu'il gardait.

Un mois après tout le partage fut terminé et les lots formés. On procéda ensuite à la vente d'arbres séculaires que la cogné avait toujours respectés. Cette vente s'éleva à environ cent mille francs, et elle ne dura que huit jours, grâce au talent des notaires.

Les héritiers, en reconnaissance d'une telle succession, firent ériger sur sa tombe un petit monument d'une valeur de quatre à cinq cents francs ; et depuis sa mort on n'en vit jamais un prier près de sa tombe. Le plus reconnaissant à l'égard du défunt fut l'héritier qui eut pour part sa maison et dépendances. Après avoir fait fouiller minutieusement partout, il démolit la chaumière et fit dresser en place du lit où avait tant reposé notre avare, une croix. Il arracha un chêne, le fit scier au sommet et y ajuster en signe de croix, deux gros bras de chêne. Ce travail fut fait par les ouvriers d'un entrepreneur du pays. Son calvaire planté, il le fit entourer de pierres blanches provenant des démolitions de la maison. Cet héritier avait pour sa part quatre-vingts mille francs environ. Voilà, n'est-ce pas, de la reconnaissance.

Le défunt, sans doute, vu la miséricorde de Dieu, est dans le sein d'Abraham, car si le Créateur lui avait réparti les richesses, il ne sut en profiter et souffrit longtemps pour expier sans doute ses fautes et payer les bienfaits qu'il aurait pu prodiguer. Puisse-t-il en être ainsi, c'est notre vœu.

Les notaires payèrent cent vingt mille francs à l'Enregistrement et les héritiers, pour la plupart, gaspillèrent la fortune de leur cher cousin, qu'il avait si bien conservé pendant sa vie. Les uns vendent leur part, les autres la font diminuer, enfin ils désirent tous retrouver un second Père D..... avant d'aller rencontrer dans l'autre monde, celui dont nous terminons l'histoire.

Nous voyons, lecteurs, que nous avons beau amasser des biens terrestres pour acquérir des mérites. Les avares sont tous désireux de grossir leurs trésors ; ils croient les emporter dans la tombe. Mais à quoi servent les trésors terrestres : la rouille et les vers les mangent et nous devons, quelle que soit notre position, fermer les yeux en face de tant de biens ; cela ne nous profite pas. Amassons-nous plutôt des trésors dans le ciel, où ni rouille ni vers ne les rongent, car nos vertus ne s'effacent jamais. De cette manière, après notre pèlerinage ici-bas, nous pourrons espérer avoir une place dans le séjour des bienheureux. Jésus-Christ n'a-t-il pas dit : Où est votre cœur, là aussi est votre trésor ? Quoi de plus consolant pour celui qui quitte cette vie avec la conscience légère, ayant l'espoir de bientôt trouver une vie meilleure.

Je n'ajouterai aucun commentaire à la suite de la vie de Père D... De tels récits se passent d'observations. Que chacun médite et tâche d'en tirer quelque avantage ; c'est le seul but que je me suis proposé en publiant cette petite histoire aussi intéressante qu'instructive.

A. G.

Zoteux, le 5 Février 1876.

BOULOGNE. — TYP. ET LITH. F. DELAHODDE.

227

www.ingramcontent.com/pod-product-compliance
Lightning Source LLC
Chambersburg PA
CBHW061804040426
42447CB00011B/2462